РОСИЦА КОПУКОВА

ПЪТЯТ НА ЩАСТИЕТО

Стихове

ПЪТЯТ НА ЩАСТИЕТО
Стихове
Автор : **Росица КОПУКОВА** ,
+ 359 879155 944
e-mail: rossitzakopoukova@abv.bg
Първо издание на български език
Всички права запазени
България, София
Издава: Lulu, USA

ЗАКЛЮЧЕНИЕ

Все нямам какво да ти кажа, щом всичко е казано,
обаче през дупчица чезнат май мойте слова.
И всеки съвет е подобно трева непогазена.
Дори да повтарям, се питам: "Какво от това!".

Какво да минавам през думите, стоплени вече
от твоята ласка. От ласка на обичен мъж.
Но някъде губят се, някъде там, надалече,
дали пък сърцето не иска по още веднъж

да кажа пак своята дълга тръпчива тирада,
тя носи наслада на теб и как става, не знам.
То да се чудиш какво за мъжа носи радост
и какво разгорява неистово мъжкия плам?!

Може би има неписани висши закони,
кармично привличане в нашия земен дует.
Дори и аз се обърквам сега във астралните зони,
обаче ти чакаш и чакаш да чуеш жената - поет!

16 декември 2006г., София

ОБИЧАМ ЕЖЕДНЕВНОТО ДОБРО

Обичам ежедневното добро,
както по път вървя, и да го правя,
със жест, усмивка, дума и крило
за някого да бъда , да оставя

надежда в непознатия живот,
която за момент съм дала с обич.
Ако не правиш към душите брод
и тебе ще загърбят в час злокобен.

Та затова се моля всеки ден
Бог да ми дава шанс добро да сторя.
А как ще ми се върне и на мен
единствен той да прецени " отгоре".

Не може без сърдечност да вървим
и да се гледаме със вражи поглед,
Вселената ще ни овъзмезди
с това, което сме посели долу.

17 декември 2019г., София

КОГАТО НАМЕРИШ...

Когато намериш най - точните думи
и почтеното поведение,
тогава пътуваш в сърдечните друми
и градиш отношения.

Страстта не е всичко, за да запазиш
любовта със годините,
не лакирай нещата с илюзии разни,
от това се изстива.

Не души в егоизма си с някого някъде
чужда надежда,
ще се спре самотата на прага ти утре
и теб ще изцежда.

Няма празно във Космоса, всичко се връща
и в теб се забива.
И какво от това, че си търсиш огнище,
но с любов не отиваш?!

18 декември 2019г., София

ЖЕЛАНИЕ

Искам да ти прошепна нещо нежно,
дето не си чул от никоя друга,
сега го мисля и го извезвам,
за да е само моя заслугата...

После ще го преведа красиво
най-малко на пет езика,
за да е нежността жива
и във много сърца за блика....

А после ще опека питка
за здраве и с бол късмети,
но моята нежна китка
от думи край теб ще свети,

тази, дето не се забравя
даже след сто години,
майсторка съм това да правя,
затова съм...неповторима!

21 декември 2019г., София

ПРЕДКОЛЕДНО

Предколедно съм спретнала дома,
направих го уютен и приветлив,
каквато зима да зими сега,
аз искам на душата ми да светне.

Наоколо да има красота,
хармония и мир. Така обичам.
И най- добрите хора на света
от сутринта със благост ги наричам.

Начален празник си е Рождество!
Отново да се ражда обичта ни
към Бога и към другите с добро,
както Исус дойде и завеща ни.

В сърцето ми камбанки, щом звънят,
а и на близките това желая,
то значи е вълшебен моят път
и на Земята, пак върви към Рая.

Изкуството е този мощен дар,
което в бъдещето оцелява.
А любовта - един лечебен цяр.
И с нея този свят ще продължава!

20 декември 2019г., София
Игнажден

ШЕГОВИТО

Пак за столичанка
имам мастер - клас,
питка - софиянка
ще замеся аз.

Всичките продукти
зная наизуст,
не да ви се фукам,
но я правя с вкус.

Ред по ред ще сложа
тайни за късмет,
чудни и възможни,
ще са точно пет.

Важно е да има
радост и любов.
Питката готова
ще е с благослов.

22 декември 2019г., София
Предколедно

БЪДНИ ВЕЧЕР

Дано и днес небесната звезда,
която преди Рождество изгряла
да ни напътства с блага светлина
и да ни води към добро и вяра.

Дано сме пак спасени от Христа
и грешките ни да са най-човешки,
далеч от драми, от жестокостта,
щом християни сме, не сме невежи.

Дано със вяра да вървим напред
в осмислената сила на живота
и ни един побъркан людоед
да не подпалва хора и народи.

Смирени да постигнем онова,
което със оръжие не можем.
И тази нощ с молитвени слова
душите си пред Господа да сложим!

24 декември 2019г., София

ВСЕКИ ИМА СВОЯ ПЪТ....

Всеки има своя път съдбовен
на Земята, после и някъде отвъд,
Бог не дава да живееш в спомен
какъв е бил предишния ти жизнен път.

Тука идваш днеска, имаш си уроци,
едно ти дава, ала друго - не,
а не се ли разделим с пороците,
се плащат в следващото битие.

Животът ни така разпределен е:
по Божа воля, наша и съдба,
това не е мираж или поверие,
това е просто мяра във света.

И нашата душа преди да тръгне
и да поеме своя път отвъд,
не може после времето да върне,
зависи как е извървяла своя път.

Била ли е до ближния във нужда
и вършила ли е добри дела
или за хората била е чужда-
егоистична, подла и сама.

Доброто не е празно измерение!
И съвършенството не е мираж,
та тука сме се спрели с уверение
значим да бъде земният ни стаж.

Възмездието не е празна дума.
То идва още тук или отвъд.
И нека всеки си върви по друма,
без насила да обърква нечий път!

Трудно е на практика, но то е
мерило към вселенското добро.
Един е кротък, а пък друг се бори,
но всички сме в човешко колело!

26 декември 2019г., София

АКО БЯХ....

Ако бях търкулнала аз топла питка
като в приказка на Ангел Каралийчев,
къде ли щеше тя да ми изприпка,
дали при някой, който ме обича?

Толкова е хубаво да слушаш
приказки от времена предишни,
сякаш с тях и времето ще гушнеш,
ще откриеш всички тайни скришни.

Ще намериш в себе си детето,
дето в хода на живота губиш.
Ако бях търкулнала в полето
житената питка и ...наслука,

де ли ще са моите късмети-
камъчета в горската пътека?
Ако бях, ала пораснах вече
и само меся тихо и полека!

28 декември 2019г., София

ГЛАС ОТ СЪРЦЕТО...

Сърцето ми има две насрещни врати,
едната - за топла сърдечна покана,
да влезеш във него завинаги ти,
но без чистотата му с хитрост да мамиш..

А другата - нея отваря ума,
когато сърцето от теб се бунтува.
И, хайде навън. Без обиди сега,
щом покажеш напълно какво ще ми струваш.

Добротата живее с насрещно добро,
честността ми със честност и няма промяна.
Не събирам във кошче отломки от зло,
ако се поправяш обаче- тогава прощавам.

Та така - избери, че вратите са две.
Едната за теб бе широко отворена,
но за другата има предел и добре
е да кажа навреме какво не е сторено.

28 декември 2019г., София

ТОЗИ СВЯТ

Този свят е така предвидливо изваян от Бога,
всичко има, дарено на тази земя,
мир да има, да няма беда и тревога
и по път да ни води - светлина, светлина.

Дружелюбно със хората все да се срещаш,
щом човекът е тук, Бог подал му е ден,
този свят е на всеки, дошъл за по нещо
да остави следа. И така е и с мен.

Не обичам да срещам злодеи по пътя,
искам досег с добрите, където да са,
да звучи песента и душата да звънне
като зимна камбана.Добре ми дошла

моя Нова годино със нови надежди,
тебе също приветстваме с вино и смях,
и за тебе облякохме нови одежди,
дай ни обич, прекрасна, а не вкарвай във грях!

1 януари 2020г., Сърбия

НАБЛЮДЕНИЕ

Сезонът винаги е лято, щом ти е хубаво,
ако душата свети в злато и с друг добруваш,
ако през всичките сезони минаваш с някого,
дори през дните - вихрогони оставаш всякога

във лоното на обич истинска и на опора,
съдбата даже да притиска, щом има хора,
с които да отсееш времето, за да успееш,
сезонът винаги е лято до късна есен.

Душата има свои приливи и свои нужди,
не е създадена, за да се лута задълго чужда.
И ако в нея доминира все красотата,
то значи своя път намира човещината!

3 януари 2020г., Сърбия

ЗА ЛОШОТО НЕ ИСКАМ ДА СИ СПОМНЯМ....

За лошото не искам да си спомням,
понякога го правя, на годишнина,
получила съм хубаво, премного,
живях добре и много бях обичана.

Сезоните се сменяха със нежност,
която моят дом не бе напуснала,
как станах борбена и как се ежех,
не знам и аз, оплете ме изкусно

животът във амбиции и цели,
накрая проумях, че може леко-
вървиш по пътя, пишеш стиховеи
и...току - виж, си стигнал надалеко.

Едно обаче още ми е слабост:
на лоши хора трудничко прощавам!
Но Бог съзре ме и даде ми сладост,
та лошотията да позабравя!

От всички хубости сама разбирам:
щом искам нова книга да направя,
намирам всичко, дето гравитира-
духовното най-лесно да създавам!

5 януари 2019г., София

САМОПРИЗНАНИЕ

Не ми е редактор
креватен фактор,
аз създавам книга
и това ми стига.

Живея морално,
но не и банално,
делникът е интересен,
когато не е лесен.

Що е плавно и равно,
не ми е забавно.
Секси преписвателка
не е писателка.

Кой мъж оцених?
На ниво до моя стих.
Обичам да е първенец,
но не лъжец и не крадец!

Мойта интуиция
по родова традиция
казва: добре е живяло,
що не е лъгало и крало!

6 януари 2020г., София

ПЪТЯТ НА ЩАСТИЕТО

Всяко лято старата пътека
е осеяна с трилистни детелини,
търся с четири листа, та нека
щастието да не ме отмине.

Ала няма, само са трилистни,
както пее Лили Иванова,
многобройни, свежи и усмихнати,
в старата пътека - вечно нова,

старите очаквания блясват
във зелените очи наоколо,
сигурно е, няма да угасне
желанието да открия своята.

Но по пътя щастието с мене
си поделя въздух и копнежи,
Витоша е цяла осветена
от любов и нежност, и надежда.

8 януари 2020г., София

ЖИВОТЪТ Е СТРЕМЕЖ...

Не ми е топло в дланите, когато
не съм събрала цели и стремеж,
за да потърся своя необятност,
да ги протегна към един копнеж.

Не се намирам в празните пространства,
обичам дни с различни пълноти,
обичам и във времето да странствам,
но нещо моят ум да изгради.

Не искам да ми е едно и също,
забавното го правя бъднина,
та после спомени да се завръщат
и в тях да има много светлина.

Не я разбирам тази вечна жажда
да завладяваш и да разрушиш,
човек с красива мисия се ражда,
а не с идеята да провалиш.

Дошъл си. И за тебе има място,
тъй както Бог е отредил за мен,
вървим по своя път със своя радост
и нека той да е благословен.

9 януари 2020г., София

СТАЦИОНАРЕН ТЕЛЕФОН

Стационарен телефон от памтивека,
сглобен от моя татко - адвокат,
стои над раклата на почит вечна,
тогава моят татко беше млад.

И аз го бърша, тайно си поплаквам,
а той без звън ме гледа със очи
и жица има, има си слушалка,
и спомени си има, но мълчи.

От времето на телефонна радост,
до днешния мобилен апарат
е минал цял живот и епохалност,
тогава моят татко беше млад.

А на епохата черта не слагам,
тя има специфична красота,
да си стои, по-скъп ми е от всякога
и да ми спомня думи с топлота.

Аз пак ще го забърсвам и на почит
над раклата докрай ще го държа,
над времето и неговия прочит,
защото е емблема на дома!

11 януари 2020г.,София

ПОЕЗИЯ НА СЪРЦЕТО

Когато разлюляното сърце
поиска някога да проговори,
импулси праща в нашите ръце,
а те си знаят после що да сторят.

Изписват поетичните слова
ритмични като ритъма сърдечен,
талантът е магията добра,
която ги превръща в свята вечност.

Изкуствени опори не търпи,
а само преживяното остава,
сърцето знае накъде върви,
когато в стихове се въплъщава.

За него няма праг и векове,
защото се преражда в други хора
и затова добрите стихове
пътуват пак към Космоса нагоре.

Епохите събират чудеса
в поезия, която надживява
вселенските минути красота
и на човечеството ги дарява.

13 януари 2020г., София

КОГАТО ИДВА ЛЮБОВТА....

Когато идва любовта
съм страшно вдъхновена,
не съм кралица на дома,
на цялата Вселена.

И тя е чувство от ефир,
и тя е златоносна,
и тя превръща те в кумир,
и е победоносна.

Ще можеш ли да удържиш,
но без да издребнееш,
тогава ще си моят мъж
и искам да успееш!

Да стигнеш светлия ми стих,
който те обожава.
Аз бих те задържала, бих,
каквото ще да става!

14 януари 2020г., София

КОГА СИ ОТИДЕ НОЩТА?

Мъглата ни събуди сутринта,
нощта кога си тръгна, не разбрахме,
и да провидиш облаче в деня-
направо за очите си е празник.

Събра софийската котловина
мъгливите талази из простора,
а от прозореца откривам аз
как тръгват пак колите, пълни с хора.

В дома ми се заражда сетен стих,
кафето ми дими и аз го пиша,
дърветата, обрулени души,
стоят на пост и мъчат се да дишат.

И в този разлюлян от делник град
опитва се да светне синевата,
но май и този път чак на обяд
ще разберем, че ходим по земята.

15 януари 2020г., София

АКО СБЪДНЕМ МЕЧТИТЕ СИ

Аз нямам скромни делнични мечти,
от мене те излитат като птица,
поезията ми да освети
светът, тъй както утринна зорница.

И Бог ме чу. Във много аз успях,
но още имам аз мечти вълшебни
и още си живея все със тях,
докато Бог ме чуе и прогледнат.

Духовните простори са за мен
и няма възраст, дето да ме спира.
Мечтата не е простичка, за ден,
със нея се живее и умира.

15 януари 2020г., София

ТРЯБВА ДА ТИ КАЖА ДВЕ НЕЩА...

Трябва да ти кажа две неща:
обичам ли, без тебе аз не мога,
запамети го ти за вечността
защото струва ценностно и много,

а миговете правим двама с теб,
прокара ли се шепа разстояние,
то става и голямо отстояние
и тръгва си самотен бога Феб.

Не можеш ли да съчетаеш пътя
със работата си , но и със мен,
тогава просто си дърво откъртено,
не се завръщай , нямам празен ден.

Във любовта ни сребърната нишка
не трябва да се къса, затова
отрано те събирам в тази книжка
и ти напомням с нежните слова.

16 януари 2020г., София

САГА ЗА ФАЛШИВИТЕ ДУМИ

Щом думите хитреят със усмивка,
ухаят на прикритата лъжа,
те сякаш до последната извивка
намекват ми - съвсем да не тъжа.

С усмивка да умея да отказвам
и бързо да си хващам пътя аз,
обикновено повечко приказва
този, който лъже час по час.

Не може ли с лъжа да те надвие,
тогава те изкарва виноват,
отдавна понаучихме ги тия-
усмихнати лъжци по вид и цвят.

И по- добре на други да е криво
и да си плащат своя личен грях,
как мога аз до истината жива
да си живея мирно и без страх?!

17 януари 2020г., София

НА БАЩА МИ
Адв. Васил КОПУКОВ

Той целият живот изля във дълг,
не позволи за миг да се препъна,
животът да ме вие на чекрък
или след съвестта да се огъна.

Извади много хора от калта
и беше просто несравнимо умен.
От Бога дар е със такъв баща
животът да върви, да не е стръмен.

И като всеки светъл Скорпион
прозираше събития и хора,
той нямаше провал или погром,
за работата нямаше умора.

И пред кантората му до среднощ
се виеха опашки да го чакат.
На вид бе благ, на ум - с неземна мощ,
направо от съдбата бе подарък!

18 ЯНУАРИ 2020Г., София

ЗАГАДКИТЕ НА ЗАЛЕЗА

Игра на светлината, но красива,
последен чар от слънчевия път,
дори когато във нощта се скрива,
оставя ни един вълшебен кът,

а той със друг съвсем не се повтаря,
различно се разплисква всеки път,
загадка на Всемира ни оставя,
очите ни отново ще се спрат,

душата винаги ще се отвори
за тази безпределна красота,
в която няма друго що да сториш,
освен да я живееш на мига!

18 януари 2020г., София

СПОМЕН ЗА РУСКИЯ САМОВАР

Светне новият ден, самоварът закъкри
и Марина ни кани на чай,
после с руски акцент нежно почва да бъбри
за далечния руски безкрай...

- Аз съм руска душа, мене тук ми е тясно,
всеки скрил се зад свойта врата.
Ние с тази особеност бяхме наясно
и с огромния пласт доброта.

Но Марина почина, а след нея замина
и съпругът й, дедъ Николай.
Няма кой оттогава ей тъй да намине,
да покани със обич на чай.

Да напълни ръцете с узрели малини,
да те пита за туй и онуй,
политиката днес няма общо с Марина
и със нейния мил слънцеструй!

Дъщерята след нея затвори вратата.
Всичко вече си влезе във ред.
Промениха се хората и времената,
и България тръгна...напред.

19 януари 2020г., Симеоново, вилата

ТЪЖНИ ВЪПРОСИ

Какво ще стане с днешните деца,
когато утре, милите, пораснат,
едно не знае майка, друг - баща,
сред връзки и раздели съпричастни.

Кой ще събира детските сълзи?
И кой в душите им ще всява вяра?
В семействената криза все върви
една тъга и друга тя отваря.

И после идва само хладина,
която я замества често дрога,
летиш далеч, над земните блата
в една илюзия на безтревожност.

Зад ъгъла очаква те смъртта.
Последен изход, ако не успееш
да устоиш с любов на любовта
и просто...да живееш, да живееш!

21 януари 2020г., София

ЖЕНИТЕ ОТ ЗОДИЯ " РИБИ"

Родени са неземни по природа,
не имитират чар от суета,
такива са, особена порода,
с излъчване на дивна красота.

И , както казваше един приятел:
" То има нещо приказно във вас,
сякаш със четка ангелски ваятел
рисува ви и в профил, и в анфас!".

Усмихнати или пък разлютени,
не се забравят водните жени,
присъстват като истински Вселени,
запомнят се до дълги старини.

И всяка е по своему различна
и носи в шепите от Бога дар,
в характера й се заражда личност,
не те напада като хищен звяр.

Обидиш ли я, Господ ти го връща.
По- силно няма от такъв шамар.
Тя не е само за домашна къща,
тя за света е и сърце, и цяр.

Със "рибите" се иска нрав човечен
и всяка трябва да се оцени,
защото са залог за обич вечна,
издигната в духовни висини.

22 януари 2020г., София

ДИСОНАНСИ

Какъв ли е рисунъкът на времето?
Отляво просяк, вдясно BMV - е,
по тротоара крета беден старец,
таксита празни в хорското море.

Какво да нарисува днес поетът?
Един софийски дневен дисонанс.
Каква мечта във делника да крета,
когато шета беднота в аванс.

Не я обичам тази тежка орис,
дори да имам в пъти свобода,
човек не е създаден да е в горест,
дори да е нещастен по съдба.

Какво е туй - да се подпреш и чакаш
за ден - милостиня на тротоара
и някъде смъртта да те оплаква,
че по- добре е тя да те откара.

23 януари 2020г., София

ВЪПРЕКИ СТУДА

И въпреки настръхналия студ,
небето се отвори в красотата,
в града и всеки ден да има смут,
това не загрозява необята.

Щом няма бури, няма ветрове,
небето във безмълвие ни гледа,
загадка за отвъдни светове,
в които само бъдещето свети.

То знае извънземния ни път.
Студът сега ни прави мълчаливи,
напомня ни за ласка и уют,
и просто за любов, за да сме живи!

23 януари 2020г., София

ИМАМ В ПОВЕЧЕ ДОБРОТА

Имам в повече доброта,
който иска, го уча на нея,
ала гледам сега по света
ми се чудят, че с нея живея.

Имам сто пъти точно око,
за да уча на справедливост,
ала виждам, ме гледат със зло
и в еснафския обсег умират.

Имам дадено много от Бог
и раздавам, така, за душата,
но Всемирът е някак си строг -
само Бог ми раздава отплата

и помага ми в тежкия миг,
та накрая напълно успея,
няма криза при мен, няма вик,
аз така, със късмет, си живея.

Няма кармата ми грехове,
от такива родът ме опазил,
да си щедър така е добре,
по-добре от това - да намразиш.

И за следващ живот имаш шанс
от доброто да носиш нагоре,
не да плащаш във бъдния час
дан за злото, което си сторил.

24 януари 2020г., София

НА ДЯДО МИ ТОМА

Животът го мина на чисто с душата си цяла,
потопен във мечта, с Македония и с идеала,
до я видиш свободна и българска, но не дочака,
идеал е едно, политиката - тя е двуяка.

Смелост имаше не за една, за три роти вкупом,
на магия живя, но Бог те запази за дълго
и наскоро полях твоя гроб, със калпак и медали
гледат твойте очи, не във мен, а далеч в идеала.

Имам нещо от теб, имам даром от твоята сила
и обичам дълбоко и свойта България мила.
Ти говориш навярно "отгоре" със Ботев и Левски,
помоли се за нас, да я бранят светците навеки.

Може би пак ще дойдеш отново. Кога? Аз не зная,
в образ друг прероден ще те пратят надолу от Рая
и съм сигурна аз, че кръвта ти пак няма да трае,
ще воюва така, както само тя може и знае.

24 януари 2020г., София

ЗАВЪРШЕНОСТ

Жената е завършена, когато
в синхрон е от главата до пети,
сякаш е в одеждите на лято
и с бижута хубави блести.

Може да не е за милиони,
но нека да личи, че е жена,
не ме смущава думата " кокони",
щом подплатена е със красота.

И нека е подвластна на финеса
и на мъжа, но който я цени.
Жената е завършена принцеса,
когато тя сама се претвори.

24 януари 2020г., София

ПЪТЯТ НА СВЕТЛИНАТА

Навярно своя път чертае мракът,
но как изглежда, аз дори не знам,
съзнанието ми бележи знакът-
къде е светло, ето - аз съм там.

През ветрове и дъждове, и бури
минавам под вълшебната дъга,
и ,след житейските карикатури,
осмислям си успешно аз деня.

Насън или наяве виждам светло
и моят път, насочен пак напред,
благословен направо от небето,
човек ме прави, не само поет.

Долавям, тази Божия закрила
дарява ми се, за да бъда аз
да някого по път душевна сила,
когато е закъсал в някой час.

Аз думите намирам на момента,
с които някого да утеша,
присвета лампичката от небето
и ми подсказва как да не греша!

25 януари 2020г., София

ПРИЗНАНИЕ

Книгите ми закъсняха,
не намерили си стряха,
издатели бяха готови
не за книги, за любови.

Аз обаче съм чешит,
не искам всеки бабаит,
ценя си много реномето,
не го правя на решето.

Дядо Боже забеляза
и виновните наказа.
Прати ми прекрасни хора
да помагат без умора.

Авторката съм си аз,
не друг да пише във захлас
и всеки университет
го завърших без рушвет.

Затова с открито чело
заявявам аз най- смело:
всяко мое постижение
си е собствено решение.

26 януари 2020г., София

СЪВЪРШЕНСТВОТО

Съвършенството е труден занаят,
иска се добре да си премерен,
все някой безумее в този свят,
раздава го свиреп, високомерен.

И в малките си глупави глави
мнозина не се сещат, че се плаща,
историята всеки век върви
с поуки, дето някои не схващат.

Земята не е само за едни,
надмощие на никого не дава,
днес си богат, а утре - в руини
и кармата изобщо не прощава.

По-малко са разумните, уви,
Всевишният така ни е поставил-
едни до други, лоши и добри,
но да ни гледа, не, не е забравил.

26 януари 2020г., София

ОБИЧАМ Я БЪЛГАРИЯ

Обичам я България отблизо,
не от Лондон, Рим или Париж,
в проблемите й обичта ми влиза
и бори се да ги оправи триж.

Неспирно правя ежедневни стъпки
за много нужни делнични неща,
опитвам се , съшивам малки кръпки,
от важните въпроси на деня.

Сплотени сме с добрите си съседи,
крепи ни доста социален хъс
и никой към чужбината не гледа,
животът си не хвърля в земетръс,

приема, че и тука се живее,
въпросът е с какъв морал и как.
Обичам я България и в нея
един ден да се преродя ще искам пак!

27 януари 2020г., София

МНОГО МИ Е МИЛО....

Много ми е мило, много ми е драго,
на сърце ми расне, на душа ми ляга
българско и родно - от килим до песен,
българска природа - от пролет до есен.

Доста свят пребродих, всичко ми е чуждо,
всякакви народи със различни нужди,
със различни нрави, с разни табиети,
тука ме постави Господ под небето

и добре се чувствам, българка се вричам,
името си мое няма да отричам,
даже като пиша, псевдоним не слагам,
българка си лягам, българка си ставам.

27 януари 2020г., София

ИЗМЕНЕНИЯ

Отварям се за хората с любов,
но лошото е, че прозирам маски,
прочитам мисли изпод славослов
и интереси, изпод мними ласки.

И истината, щом в нас заискри,
то тутакси променят се нещата,
разбират, че зад пъстрите очи
наивността не дреме във душата ми.

Тогава хлопвам тежката врата
и никога назад не се обръщам.
На Бог оставям чуждата вина
дали ще я прощава или връща

като възмездие за мнимостта,
с която хората подвеждат други.
Аз просто много му благодаря,
че дарба ми е дал да се не губя

във паяжина от безброй лъжи,
които никак, никак не обичам.
Дали подлецът може да тъжи?
Това се чудя и това се питам?!

30 януари 2020г., София

www.ingramcontent.com/pod-product-compliance
Lightning Source LLC
LaVergne TN
LVHW011431080426
835512LV00005B/382